BEI GRIN MACHT SICH IHR WISSEN BEZAHLT

- Wir veröffentlichen Ihre Hausarbeit,
  Bachelor- und Masterarbeit

- Ihr eigenes eBook und Buch -
  weltweit in allen wichtigen Shops

- Verdienen Sie an jedem Verkauf

Jetzt bei www.GRIN.com hochladen
und kostenlos publizieren

Markus Groß

Vorgehensmodell für Business Intelligence Projekte am Beispiel des Rational Unified Process

GRIN Verlag

Bibliografische Information der Deutschen Nationalbibliothek:

Die Deutsche Bibliothek verzeichnet diese Publikation in der Deutschen National-
bibliografie; detaillierte bibliografische Daten sind im Internet über http://dnb.d-
nb.de/ abrufbar.

Impressum:

Copyright © 2012 GRIN Verlag GmbH
Druck und Bindung: Books on Demand GmbH, Norderstedt Germany
ISBN: 978-3-656-17005-1

Dieses Buch bei GRIN:

http://www.grin.com/de/e-book/192087/vorgehensmodell-fuer-business-intelligence-
projekte-am-beispiel-des-rational

Inhaltsverzeichnis

Abbildungsverzeichnis

Tabellenverzeichnis

Abkürzungsverzeichnis

BI	Business Intelligence
DDS	Decision Support System
DWH	Data Warehouse
et al.	et alii
IOC	Initial Operational Capability
IT	Information Technology
LCA	Life-Cycle Architecture
LCO	Life-Cycle Objectives
MIS	Management Information System
OLAP	Online Analytical Processing
OMG	Object Management Group
PR	Product Release
RUP	Rational Unified Process
UP	Unified Process
XP	Extreme Programming

1 Einleitung in das Thema

1.1 Gründe für die betriebswirtschaftliche Betrachtung von BI Systemen

> "The essence of management
> is to make knowledge productive." (Ducker 1993, S.21)

Dieses Zitat vom Managementtheoretiker PETER F. DUCKER verdeutlicht, dass die Bereitstellung von vollständigen und umfangreichen betriebswirtschaftlichen Informationen für Unternehmen in den letzten Jahren immer wichtiger geworden ist. Zur effektiven und effizienten Unternehmensführung bilden auswertbare Informationen mehr denn je die essentielle Grundlage zur Unterstützung von manageralen Entscheidungsprozessen (Engels 2010, S.1). Im Jahr 1992 wurde daher von WILLIAM H. INMON das Konzept des Data Warehouse (DWH) als Basis für Business Intelligence Systeme (BI) eingeführt, der dies folgendermaßen definierte:

> „A Data Warehouse is a subject-oriented, integrated, time-variant,
> and nonvolatile collection of data in support of managements
> decicisions support process" (Inmon 1996, S.36)

Der Zweck eines solchen Systems ist somit nicht die Erfüllung einer spezifischen Aufgabe, wie beispielsweise des Rechnungswesens im Unternehmen, sondern die Modellierung eines spezifischen Anwendungsziels („subject-oriented") (Engels 2010, S.7f). In diesem Kontext ist mit „integrated" eine integrierte Datenbasis gemeint, da hierin Daten aus verschiedenen unternehmensinternen und externen Quellen enthalten sind. Zur Zeitreihenanalyse müssen die Daten langfristig („time-variant") gespeichert werden. Eine stabile und persistente („nonvolatile") Informationsbasis stellt sicher, dass Daten nicht mehr entfernt und geändert werden können. Somit bietet das Konzept die ganzheitliche Ausgangsbasis eines umfassenden Management-Informations-Systems (Inmon 1996, S.71). Die zentrale Einführung einer solchen Technologie stellt sicher, dass die benötigten Informationen zeitgerecht in einer entsprechenden Qualität und am richtigen Ort vorliegen. Es werden hierzu Daten unterschiedlichster Art und Herkunft zu einer einzigen Entscheidungsdatenbank zusammengefasst, die mittels analytischer Verfahren jederzeit ausgewertet werden können.

Durch den Zuwachs an Transparenz, schnellere Reaktionen auf Änderungen im Marktgeschehen und generell besser informierte Mitarbeiter wird der Mehrwert eines Business Intelligence Systems schnell deutlich.

1.2 Motivation und Problemstellung

Neue Verfahren in der Informationstechnologie werden typischerweise in einer Projektform in die Unternehmung eingeführt; dies gilt somit auch für die Implementierung eines komplexen Business Intelligence Systems. Der Organisationsform Projekt ist es zu eigen, dass sie neben einem festgelegten Start- und Endzeitpunkt insbesondere auch eindeutig messbare Ziele und definierte Ressourcen hat (Hansen & Neumann 2005, S. 246). Für den Bereich der IT-Abteilung sind diese Ziele und notwendigen Ressourcen zumeist noch recht früh und hinreichend mit einer bekannten technischen Metrik zu versehen. Jedoch dienen solche Systeme - wie bereits eingangs dargelegt - nicht einem einzelnen Anwenderkreis mit einem Aufgabengebiet, sondern dem gesamten Management mit vielen unterschiedlichen Verantwortungsbereichen und oft spontanen Anforderungen. Da die Ziele für eine erschöpfende Projektplanung bereits zu Projektfreigabe hinreichend feststehen müssten, fordert dies die zukünftigen BI-Nutzer stark. Bei bisherigen klassischen IT-Systemen war es für sie zumeist nicht erforderlich, dass der Anwenderbedarf vollumfänglich und frühzeitig definiert war. Auch waren nachträgliche Änderungen im Regelfall relativ problemlos möglich. Ein BI-System stellt Daten zur Verfügung, die die Anwender spontan aufrufen, recherchieren und weiter spezifisch auswerten können. Daten die jetzt, also bei der Projektplanung, nicht im richtigen Umfang und Granularität gespeichert werden, lassen sich zukünftig nicht mehr zielgerichtet auswerten. Gerade diese zukünftigen Anwenderaktivitäten sind weder zeitlich noch inhaltlich exakt vorherzusagen (Chamoni & Gluchowski 2010, S.8f) .

Generell treten nach MUCKSCH/BEHME drei Fehler bei der Einführung eines Business Intelligence Systems in Unternehmen auf. So wird oftmals einfach ein „PC-Tool" angeschafft und losgelegt", ohne das ein unverzichtbar betriebswirtschaftliches Konzept der Fachabteilungen vorliegt und die notwendige IT-Infrastruktur geprüft wurde (Mucksch & Behme 2002, S.326). Der zweite genannte Fehler ist es, das man den Nutzern des BI-Systems einfach alle Daten zur Verfügung stellt und diese damit machen, was sie wollen. Diese „Ursuppe" von operativen Daten ist für die Nutzer jedoch großteils unbrauchbar, da diese unterschiedlich codiert sind und zur Auswertung und Analyse vorab eine Transformation in eine einheitliche Datenstruktur notwendig ist (Mucksch & Behme 2002, S.327). Als weiteren Fehler für das Scheitern einer BI Einführung wird das mangelhafte Projektmanagement genannt. Ein solches Projekt setzt eine heterogene Projektgruppe voraus, die nicht alleine in der IT-Abteilung sondern teilweise unternehmens- und fachabteilungsübergreifend gebildet werden muss. Anderenfalls ist ein solches Projekt schon zu Beginn zum Scheitern verurteilt (Mucksch & Behme 2002, S.328ff).

FÜTING nennt die Kriterien Einmaligkeit, Zielunsicherheit und Rahmenfixierung als die elementaren Besonderheiten eines Business Intelligence Projektes. Da in BI Projekten oft eine neue Technologie bzw. Methodik zum Einsatz kommt, die bisher im Unternehmen nicht vorhanden ist, liegen wenige bis keine Erfahrungen für den effektiven und effizienten Einsatz und die Projektplanung vor. Dennoch werden oftmals schnelle „Quick Wins" vom Management in solchen Projekten erwartet. Auf Grund dieser geringen Erfahrung werden die Zielvorgaben daher zumeist pauschal und abstrakt formuliert, was die Steuerung eines solchen Projektes schwierig macht und das Ergebnis oft nicht die wirklichen Erwartungen des Managements wiedergibt. Abgeleitet aus der unzureichenden Erfahrung aus solchen Projekten und der Zielunsicherheit werden auch Zeithorizonte und Budgets nicht richtig definiert. Auch ist die Kosten-Nutzen Vorstellung oftmals viel zu unrealistisch und wird im Projektverlauf mehrfach korrigiert, was eine realistische Planung weiter erschwert (Füting 2000, S.270f). Diese Aussagen werden von KÖNIG in einer aktuellen Metaauswertung zahlreich durchgeführter Business Intelligence Projekt-Fallstudien unterstrichen. Demnach unterscheiden sich BI Projekte von klassischen IT-Projekten essentiell durch folgende Aspekte:

- „Bei einem Data Warehouse handelt es sich um ein komplexes zentrales System, dass eng mit bestehenden operativen Systemen vernetzt ist. Dies erfordert eine enge Zusammenarbeit zwischen der IT-Abteilung und den Fachabteilungen.

- Die klare Definition der Anforderungen der Anwender an die Data Warehouse Lösung ist besonders komplex, da sich künftiges exploratives Anwenderverhalten nur schwer in vorab klar definierten Use Cases abbilden lässt.

- Die abteilungsübergreifende Integration der Daten erfordert eine einheitliche Definition der fachlichen Begrifflichkeit und Metrik." (König 2011, S.1f)

Somit ist es die Herausforderung für alle Projektbeteiligte, sowohl für das Unternehmens-Management als auch für den IT-Bereich, das geeignete Projekt-Vorgehensmodel zu finden, um die aufgeführten Fehler und Besonderheiten bei Business Intelligence Projekten zu kompensieren.

2 Themenrelevante Grundlagen

2.1 Das Data Warehouse Konzept

Durch die kontinuierliche Weiterentwicklung der Informationstechnologie in den letzten Jahrzehnten wurden Unternehmen völlig neue Möglichkeiten eröffnet. Als treibende Kraft des Wirtschaftsaufschwungs, wie die IT Anfang der neunziger Jahre proklamiert wurde, erlaubte sie wesentliche Verbesserungen der Produktivität und der Kosteneffizienz. Durch diese seit Jahren ansteigende IT-Nutzung sind große Datenmengen entstanden, die nur unzureichend genutzt werden konnten (Veselka 2008, S.92f). Die permanente Weiterentwicklung der Speichertechnologie hat zwar grundsätzlich dazu beigetragen, dass zunehmend Informationen gespeichert werden konnten, jedoch stellt die nutzbringende Recherche nach Daten die Unternehmen vor neue Herausforderungen. Zur Sicherung der eigenen Wettbewerbsfähigkeit zwingt der zunehmende globale Wettbewerb Unternehmen zu einer effizienten Informationsverwendung. Nach KLUSSMANN entwickelte INMONS bereits 1992 das Konzept Data Warehouse, um die bis dahin verwendeten 'Management-Informations-Systeme' weiterzuentwickeln (Klußmann 1997, S.106f).

Hierbei versteht INMON unter einem Data Warehouse einen (logischen) zentralen Speicherort für Daten aus allen Bereichen eines Unternehmens. Neu an diesem Konzept war, dass Daten unabhängig von ihrem bisherigen operativen Bestand zur transaktionsorientierten Verarbeitung verwaltet und persistent gespeichert wurden. Auch sollten unternehmensexterne Daten und Metainformationen bei dieser Dauerspeicherung berücksichtigt werden. Ziel war es, dass die Daten schnell und ohne komplizierte Abfragen – möglichst über eine grafische Benutzeroberfläche - mit Hilfe von Such- und Statistikwerkzeugen jederzeit analysiert werden konnten. Die analysierten Daten waren die Basis für zukünftige unternehmensrelevante und zur Erfolgsverifikation getroffene Entscheidungen. Hieraus hat sich ein Entscheidungshilfesystem (engl: 'decision support system', DSS) abgeleitet (Engels 2010, S.4f).

Mit Hilfe von Business Intelligence Verfahren, wie dem Information Retrieval und OLAP (Online Analytical Processing), werden aus den gespeicherten Daten dynamische Abfragen erstellt und statische Berichte für das Management erzeugt, deren Zusammenhänge zuvor bekannt sind. Ergänzend nutzen die Methoden das Data Mining Verfahren, das neues Wissen schaffen soll, indem bisher nicht bekannte Beziehungen der gespeicherten Daten untereinander ausfindig gemacht werden (Hildebrand 2001, S.59f).

2.2 Generische Vorgehensmodelle für Business Intelligence Projekte

Ein Vorgehensmodell beschreibt die formale Abfolge von Prozessschritten, die zu einem spezifischen (Projekt-)Ergebnis führen sollen. Somit ist ein Vorgehensmodell sozusagen eine Gestaltungsvorschrift für das Projektvorgehen. Das primäre Ziel ist hierbei die Vereinfachung der Projektdurchführung durch die Komplexitätsreduktion der Anforderungen. Daher sind Vorgehensmodelle zumeist so allgemein definiert, dass sie übertragbar sind und eine kontinuierliche Anpassung an individuelle Projektumgebungen und Situationen erlauben (Essigkrug & Mey 2003, S.2).

Die Fachliteratur zum Thema Business Intelligence nennt zwei grundlegende Vorgehensmodelle für die Umsetzung entsprechender Projekte. Diese beiden Modelle sind die phasenorientierten Vorgehensmodelle und die iterativen Vorgehensmodelle, die im Folgenden vorgestellt werden (Chamoni & Gluchowski 2010, S.97ff).

2.2.1 Die phasenorientierten Vorgehensmodelle

Das phasenorientierte Vorgehensmodell lässt sich in mehrere Phasen gliedern, welche sequentiell nacheinander bearbeitet werden. Der Einstieg in ein Phasenmodell beginnt zumeist mit der Analyse, da oft schon bestimmte Voraussetzungen im Unternehmen vorhanden sind, wenn eine Organisation die Absicht hat ein neues Anwendungssystem einzuführen. Gefolgt wird diese Phase von einer Planungsphase für das Soll-Konzept, und letztlich der eigentlichen Implementierung des neuen Systems. Werden beim Phasenübergang Mängel festgestellt, so ist auch ein Rückschritt in eine vorhergehende Phase notwendig, um diese Mängel zu beheben (Stahlknecht & Hasenkamp 2005, S.214ff).

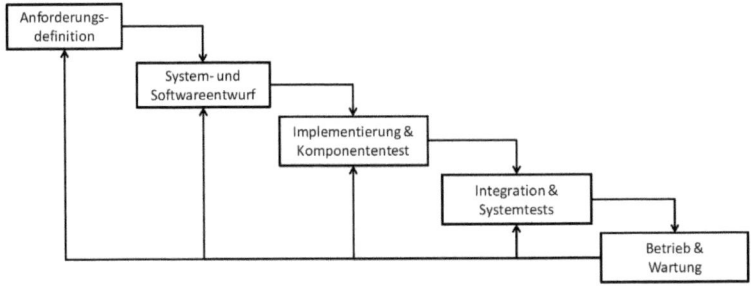

Abbildung 1: Das Wasserfallmodell (Sommerville 2007, S.97)

Zu den klassischen phasenorientierten Vorgehensmodellen zur Projektsteuerung gehören das Wasserfall- und das V-Modell. Das Wasserfall-Modell kann durch eine Kaskade von Phasen beschrieben werden, die den typischen Lebenszyklus eines Projektes abbildet (Abbildung 1). Das Wasserfall-Modell ist durch ein Top-Down-Vorgehen gekennzeichnet, das Projekt wird hierbei sequentiell in den vorgegebenen Phasen umgesetzt. Hierbei ist die Voraussetzung, dass alle Anwenderanforderungen in der ersten Projektphase vollständig und erschöpfend erfasst und definiert werden können (Opitz 2003, S.13ff). Eine Abwandlung des Wasserfallmodells, das sogenannte adaptierte Wasserfallmodell, erlaubt auch den Rücksprung in frühere Phasen, um beispielsweise neu hinzugekommene Anforderungen im Projekt zu berücksichtigen.

Das V-Modell für die Entwicklung von Anwendungssystemen erweitert das Wasserfall-Modell um Aspekte des Testens (Abbildung 2). Dieses Vorgehensmodell beinhaltet neben der eigentlichen Planung und Steuerung des Projektes auch parallele Module zur Sicherstellung der Projektqualität. Damit unterstützt das Modell das gesamte Projekt über die reine Implementierung hinaus. Es umfasst alle relevanten Projektmanagementkomponenten und wird insbesondere für Projekte mit sehr hohen Qualitätsanforderungen im öffentlichen Sektor eingesetzt. Die Komplexität und die geringe Flexibilität des strikten Phasenablaufs sind Nachteile des Vorgehensmodells bei kleineren Projekten (Opitz 2003, S.27ff).

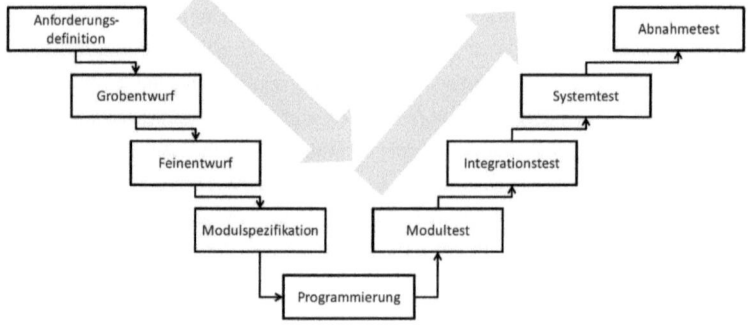

Abbildung 2: Das V-Modell (Opitz 2003, S.26)

2.2.2 Die iterativen Vorgehensmodelle

Bei einem iterativen Vorgehensmodell wird der gesamte Entwicklungsprozess eines Projektes, beginnend bei den ersten strategischen Überlegungen bis zur konkreten Einführung im Unternehmen, zyklisch betrachtet. Dieses Vorgehensmodell unterteilt sich in eine Startphase und, in Abhängigkeit von der Projektkomplexität, in n-Entwicklungszyklen. In jedem dieser Entwicklungszyklen wird der Fertigstellungsgrad des Projektes gesteigert und den im Projektverlauf wachsenden Anforderungen angepasst. Dieser Reifegrad schließt sowohl das notwendige Datenvolumen als auch den funktionellen Umfang des zukünftigen Systems mit ein (Stahlknecht & Hasenkamp 2005, S.218f).

Zur Entwicklung von komplexen Anwendungssystemen ist das Prototyping ein sehr wichtiges Hilfsmittel, um bereits im frühen Projektstadium einen ersten Eindruck vom Endprodukt zu erhalten. Hierbei wird unter einem Prototyp eine spezielle Phase im Projektverlauf verstanden, in der ein (Dummy-)Modell erzeugt wird, das bereits wesentliche Eigenschaften des endgültigen Anwendungssystems besitzt (Floyd 1984, S.1f). Mit Hilfe dieses Modells lassen sich dann die gewünschten Eigenschaften des zukünftigen IT-Systems umfänglich simulieren und Konsequenzen für den weiteren Projektverlauf treffen (Schlösser 1997, S.6). In Bezug auf die Zielstellung des Prototypens lassen sich drei grundlegende Modelle unterscheiden (Budde, Kautz & Kuhlenkamp 1992, S.38f):

1. *Das explorative Prototyping*: Hiermit werden die Anforderungen an ein zu entwickelndes System zwischen Kunde und Projektleiter beschrieben. Die Prototypen sind ein Teil der Spezifikation des zu entwickelnden Anwendungssystems.

2. *Das experimentelle Prototyping*: Ziel hierbei ist die erste technische Umsetzung eines Entwicklungsproblems zur Klärung technischer oder softwareergonomischer Fragen.

3. *Das evolutionäre Prototyping*: Aufgabe der Prototypen ist es, erste (grundlegende) Funktionen eines größeren Anwendungssystems zur Verfügung zu stellen. Diese können als Pilot von zukünftigen Anwendern bereits verwendet werden. In mehreren Zyklen wird der Pilot erweitert und an - im Projektverlauf - geänderte Bedürfnisse angepasst.

Zu den gängigen iterativen Methoden zählen das Spiralmodell, das Extreme Programming, das Agile Modeling und der Unified Process als Vorgehensmodelle. Die bei den phasenorientierten Modellen vorgegebene strikte Sequenz der Phasen und die Notwendigkeit, die Anforderungen an das Endprodukt zu einem sehr frühen Zeitpunkt möglichst umfänglich definiert zu haben, wird durch iterative Vorgehensmodelle effektiv und effizient umgangen (Stahlknecht & Hasenkamp 2005, S.219).

Das Vorgehensmodell Spiralmodell veranschaulicht den Projektverlauf sinnbildlich in Form einer Spirale, wobei jeder Durchlauf als iterativer, evolutionärer Zyklus mit gleichen Phasen aufgefasst wird. Nach jedem durchlaufenen Spiralzyklus werden die nächsten Teilziele und das Risiko für den nächsten Zyklus aus dem Ergebnis des vorherigen Durchlaufs abgeleitet. Hierbei erfolgt die Entwicklung des Projektergebnisses vom Lastenheft hin zum fertigen Anwendungssystem (Opitz 2003, S.42ff).

Das Spiralmodell ist ein Vorgehensmodell, das sich aufgrund des hohen formellen Doku-

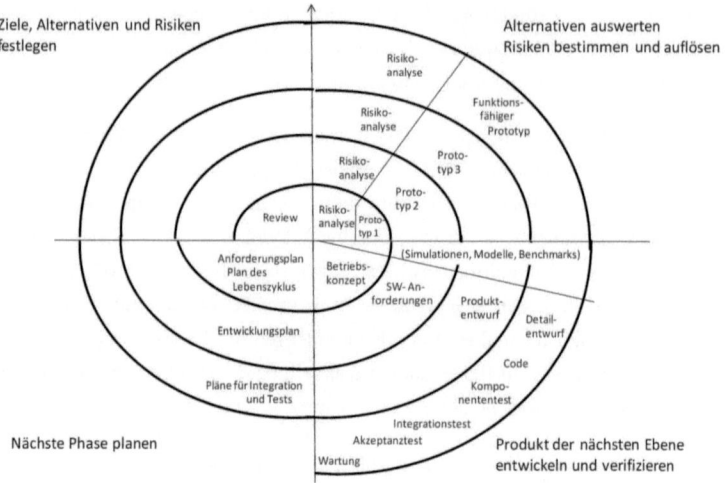

Abbildung 3: Das Spiralmodell (Sommerville 2007, S.104)

mentationsaufwandes primär für große Entwicklungsprojekte eignet. Im Gegensatz dazu ist das Modell des Extreme Programmings (XP) eher eine leichtgewichtige Methodik, die den Schwerpunkt auf Teamarbeit, schnelles Feedback, Einfachheit des Vorgehens und pragmatische Problemlösung legt. Bei XP wird die rasche Erstellung eines lauffähigen Anwendungssystems mit minimalem Dokumentationsaufwand und sehr kurzem Iterationszyklus in den Vordergrund gestellt (Runeson & Greberg 2004, S.2).

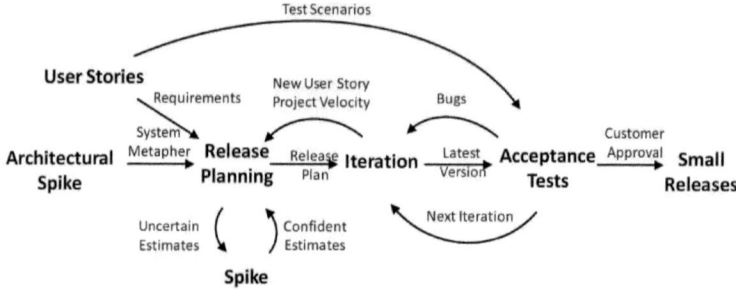

Abbildung 4: Das Extreme Programming (Sommerville 2007, 189)

Mit dem Agile Modeling existiert eine Klasse von weiteren Vorgehensmodellen, deren Methoden in konkreten Modellen wie SCRUM, Crystal und Feature Driven Development beschrieben sind. Gemeinsam ist den agilen Methoden, dass sie flexibel ausgerichtet und auf die Wünsche des Endanwenders fokussiert sind, mit dem Ziel, anpassungsfähige Anwendungssysteme für sich spontan ändernde Anforderungen zu entwickeln: „Agile

- denoting, the quality of being agile; readiness for motion; nimbless, activity, dexterity in motion - development methods are attempting to offer once again an answer to the eager business community asking for lighter weight along with faster and nimbler software development processes." (Abrahamsson 2002, S.9f).

Der Unified Process (UP) und insbesondere der noch in Abschnitt 3 näher beschriebene Rational Unified Process (RUP) ist ein ganzheitliches Vorgehensmodell zur Einführung von komplexen Anwendungssystemen. Hierbei deckt das generische Modell alle Aspekte der notwendigen Analyse, iterativen Konzepterstellung und Projektumsetzung ab (Alhir 2002, S.2). Das als Rahmenwerk entwickelte Vorgehensmodell beschreibt den Prozess der Anwendungseinführung durch Projektphasen und Prozessdisziplinen. UP unterstützt eine zyklische iterative Entwicklung, wobei das evolutionäre Prototyping eine Kernanforderung des Prozesses ist (Hirsch 2008, S.1f).

Nach FÜTING ist ein iteratives Vorgehen, indem das Projekt in mehrere sich wiederholende Phasen aufgeteilt wird, sehr gut geeignet, um die in Absatz 1.2 genannten Besonderheiten von Business Intelligence Projekten zu beherrschen. Insbesondere das evolutionäre Prototyping wird als hilfreich gesehen, um frühzeitig die notwendigen Integrationsmaßnahmen abzustimmen (Füting 2000, S.271f). Dies wird von HOFFMANN unterstrichen, der ebenfalls auf ein iteratives Vorgehensmodell mit Prototypen setzt, um die zu Projektbeginn oft diffusen und sich im Verlauf spontan ändernden Anforderungen zu steuern (Hoffmann 2010, S.78f). Diese Forderungen werden im (Rational) Unified Process vereint.

2.3 Typische Phasen bei Business Intelligence Projekten

In der Literatur wird ein Business Intelligence Projekt grundlegend in die drei Hauptphasen Analyse, Design und Implementierung unterteilt (Hildebrand 2001, S.8f). Je nach gewähltem Projektvorgehensmodell werden diese Phasen sequentiell nacheinander oder mehrfach iterativ bearbeitet (Chamoni & Gluchowski 2010, S.10f).

Die erste Phase ist die Analyse des notwendigen Informationsbedarfes. Hierbei wird der Geschäftszweck, den das Business Intelligence System erfüllen soll, erhoben und definiert. Zusätzlich wird auf der technischen Seite geklärt, aus welcher Quelle die notwendigen Daten bezogen werden. Hierbei müssen sowohl unternehmensinterne als auch externe Datenbanken berücksichtigt werden (Bange 2010, S.134f).

In der zweiten Phase wird die zukünftige Lösung konzipiert. Hierbei erfolgt die Auswahl der notwendigen IT-Infrastruktur und der Datenbanken bzw. Quellsysteme, aus der

Daten ausgelesen oder in der die gespeichert werden sollen. Wenn bereits eine relevante Infrastruktur oder ein Business Intelligence System vorhanden ist, wird geprüft, ob diese den geplanten Nutzen bringen bzw. ob sie erweitert werden können. Außerdem sind die Fragen „wie aktuell müssen die bereitzustellenden Daten sein" und „in welcher Aggregationsform sollen die Daten bereitgestellt werden"? In Abhängigkeit der Antworten, muss die periodische Datenversorgung des Data Warehouse eingestellt und die benötigten Daten und ihre Strukturen zum Aufbau des DWH entwickelt werden (Hildebrand 2001, S.84ff).

Die dritte Phase ist letztlich die eigentliche Produktivsetzung der Business Intelligence Lösung. In dieser Phase werden die Datenpumpen eingerichtet sowie die Datenbanken und notwendigen Analysewerkzeuge installiert (Bange 2010, S.140f).

3 RUP als Vorgehensmodell zur Einführung von BI Projekten

3.1 Entstehungsgeschichte

Das von IVAR JACOBSON entwickelte Vorgehensmodell zur objektorientierten Software-entwicklung wurde unter dem Namen ObjectOry bekannt. Im Jahre 1995, nachdem JAMES RUMBAUGH und GRADY BOOCH zur Rational Software Corporation gewechselt waren, erwarb das Unternehmen dieses Vorgehensmodell und integrierte ObjectOry in die Rational Software. Damit hatte die Rational Software Corporation die drei wichtigsten Vertreter der objektorientierten Methodologie vereint (Alhir 2002, S.2f). Gemeinsam entwickelten die als in der Literatur als drei „Amigos" bezeichneten Gründer hieraus das Vorgehensmodell zur Umsetzung von komplexen Anwendungssystemen: den Rational Unified Process (RUP). Im Jahr 2003 erwarb IBM die Rational Software Corporation und integrierte die Rational Software Tools in die IBM Rational Toolfamilie (Hoffmann 2010, S.18f).

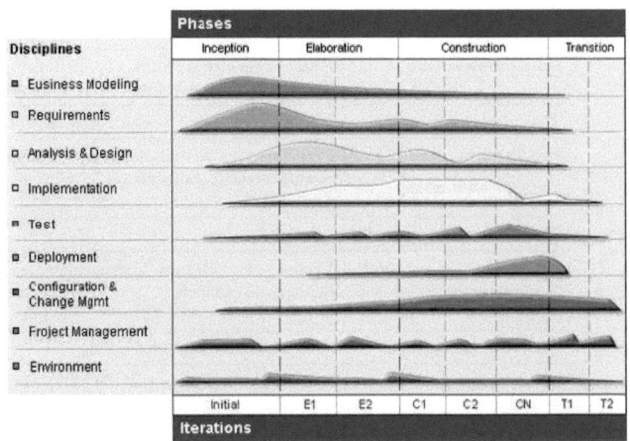

Abbildung 5: Iterationen nach RUP (Kruchten 1999, S.23)

Neben der kommerziell vertriebenen Implementierung der RUP Methodik wurde auch die Entwicklung eines freien Standards über die Object Management Group (OMG) betrieben. So liegt der kostenpflichtigen Implementierung des RUP der von der OMG standardisierte Unified Process (UP) zu Grunde. Der UP ist in der Veröffentlichung von Booch,

Rumbaugh und Jacobson „The Unified Software Development Process" aus dem Jahre 1999 beschrieben (Runeson & Greberg 2004, S.2).

3.2 Das RUP Prozessrahmenwerk

Der Unified Process (UP) und seine konkrete Implementierung, der Rational Unified Process (RUP), ist ein anwendungsfallorientiertes, iteratives und inkrementelles Rahmenwerk zur Entwicklung von komplexen Anwendungssystemen. Die grundlegende Idee des Vorgehensmodells ist „a process framework that provides an infrastructure for executing projects but not all of the details required for executing projects; essentially, it is a software development process framework, a lifecyclemodel involving context, collaborations, and interactions" (Kruchten 1999, S.41).

Prozess Disziplinen	Beschreibung
Entwicklungsprozesse	
Geschäftsprozess-modellierung	Beschreibung der Geschäftsprozesse und internen Strukturen als Grundlage für die Anforderungsanalyse
Anforderungsanalyse	Erhebung, Dokumentation und Management der Anforderungen
Analyse und Entwurf	Erstellung der Systemarchitektur und Entwurf des Softwaresystems
Implementierung	Programmcodeerzeugung und Debugging für Systemkomponenten und Komponententest
Test	Integrations-, System- und Akzeptanztest
Installation	Erzeugung der Installationsskripte, Benutzerdokumentation, Softwareauslieferung an den Endnutzer
Unterstützungsprozesse	
Konfigurations- und Änderungsmanagement	Versions- und Release-Management und Änderungsmanagement
Projektmanagement	Projektplanung und Monitoring
Umgebungs-management	Anpassung der Prozesse an die Unternehmensorganisation, Bereitstellung der SW-Tools, usw.

Tabelle 1: Die RUP Prozess Disziplinen

Im Rahmen der Projektumsetzung werden die Schritte Analyse, Design, Test und Umsetzung evolutionär durchlaufen und dem jeweiligen Anforderungsbedarf vom Umfang her angepasst. Am Ende jeden Phasendurchlaufes soll ein funktionsfähiger Prototyp vorliegen, um eventuelle funktionelle und nicht funktionelle Risiken frühzeitig erkennen zu können.

Diesen Prototypen soll den späteren Anwendern dazu dienen, einen frühzeitigen Eindruck vom zukünftigen Endprodukt zu bekommen und kann zur Prüfung und zu Demo-Zwecken verwendet werden (Essigkrug & Mey 2003, S.52).

Die Abbildung 5 zeigt das typische Vorgehen nach RUP bei einem Projekt zur Einführung eines Anwendungssystems, dass durch zeitliche (Projekt-)Phasen und inhaltliche Prozesskomponenten strukturiert ist. Die horizontale Achse der Abbildung ist die zeitliche Dimension des Rahmenwerks und beinhalt die dynamischen Aspekte der Prozesse, die Zyklen und Phasen, Iterationen und Meilensteine. Die vertikale Achse beschreibt die statischen Aspekte mit Vorgängen, Artefakten und Prozessbeteiligten. Als ganzheitliches Vorgehensmodell definiert der Rational Unified Process neun sogenannte „Process Disciplines", die sich in sechs grundlegende Entwicklungsprozesse und drei Unterstützungsprozesse unterteilen (Hirsch 2008, S.2).

Prozess Phase	Beschreibung	Meilenstein
Konzeption	In der ersten Phase wird die Projektumgebung etabliert und die Projektziele, einschließlich der relevanten Geschäftsfälle, werden definiert	RUP-LCO (Life-Cycle Objectives)
Entwurf	Die Systemarchitektur wird erstellt und validiert, die wichtigsten Anforderungen werden ermittelt. Das Projekt wird detailliert geplant. Es werden erste Prototypen von den Hauptbestandteilen der Architektur implementiert	RUP-LCA (Life-Cycle Architecture)
Konstruktion	In diesem Stadium wird der Entwurf weiter vervollkommnet und beendet. Die Systemkomponenten werden implementiert und getestet, das Gesamtsystem wird integriert. Am Ende der Phase steht das lauffähige System, dass den Zielvorstellungen entspricht.	RUP-IOC (Initial Operational Capability)
Übergabe	Das Produkt wird zum Abschluss getestet und gegebenenfalls modifiziert. Danach wird das System auf die Zielplattform ausgeliefert.	RUP-PR (Product Release)

Tabelle 2: Projektphasen nach RUP

Für jede der neun „Process Disciplines" definiert der Rational Unified Process einen oder mehrere Artefakte, Aktivitäten und Rollen. Unter einem Artefakt wird hierbei ein konkretes Arbeitsergebnis verstanden, welches beispielsweise ein (Ergebnis-)Dokument, (konfigurierte) Software oder ein Konzept in Form eines Use-Case Diagramms sein kann (Kruchten 1999, S.189). Aktivitäten sind detaillierte Beschreibungen von speziellen Arbeitsschritten, wie etwa das Erzeugen, Ändern oder Überprüfen von Artefakten. Die Rollen definieren die Verantwortlichkeit innerhalb des Projektes und die für das Ausführen der Aktivitäten zuständigen Personen (Hirsch 2008, S.2). Als zeitlichen Prozess definiert RUP vier „Process Phases", wobei jede Prozessphase mit einem RUP Meilenstein endet (Eriksson, Börstler & Borg 2007, Abstract).

4 Gründe eines RUP basierten Ansatzes zur Einführung eines BI Systems

Das Vorgehensmodell Rational Unified Process wird oftmals nur in dem Bereich der objektorientierten (Software-)Entwicklungsprozesse gesehen, da hier die Entstehungsgeschichte des Vorgehensmodells liegt (Essigkrug & Mey 2003, S.5f). Dennoch eignet sich das Modell auch und insbesondere für die Planung und Implementierung von komplexen Anwendungssystemen wie einem Business Intelligence System mit einem Data Warehouse, Data Marts und ergänzenden Reporting-Technologien (Hoffmann 2010, S.52f).

Es gibt mehrere Gründe, warum der Rational Unified Process eine Organisation bei der Einführung eines BI Systems unterstützt. Zunächst hilft das Modell RUP dabei, die relevanten Fachanforderungen im Projektumfang frühzeitig zu erkennen. Der iterative Ansatz trägt durch ein flexibles Anforderungsmanagement der Tatsache Rechnung, dass sich die Anforderungen im Verlauf von Business Intelligence Projekten oftmals ändern. Wie in Kapitel 1.2 geschrieben, ist es für die zukünftigen Nutzer des Systems schwer, die finalen Anforderungen bereits zu Projektbeginn vollumfänglich zu beschreiben. Der Versuch, ein umfassendes Pflichtenheft im Voraus zu definieren, erweist sich daher für den Nutzerkreis des Managements als riskant. Auch wenn für das Vorgehensmodell RUP ein gewisses Maß an Vorüberlegung notwendig ist, so ist es durch die unterschiedlichen Schwerpunkte in jeder Iteration nicht notwendig, ein Projekt bereits zu Beginn vollumfänglich zu planen. Dies ist ein essentieller Vorteil gegenüber phasenbasierten Vorgehensmodellen, wie dem Wasserfall- oder V-Modell (Kruchten 1999, S.183ff). Des Weiteren hilft der Rational Unified Process bei der Identifikation der für das Vorhaben relevanten Daten. Eine der Hauptursachen für das Scheitern von Business Intelligence Projekten ist die nicht ausreichende Einbeziehung aller Stakeholder und deren Anforderungen an das System. Um dies zu erkennen und die Anforderungen dann auf den geschäftlichen Nutzen zu fokussieren, muss verstanden werden, wie die erhobenen Daten in der geschäftlichen Praxis später verwendet werden sollen. Daher ist ein auf die zukünftigen Kunden ausgerichteter Ansatz, wie ihn der RUP durch die Use-Case Analyse bietet, für BI Projekte sehr vorteilhaft. Hierdurch wird mit den Fachabteilungen das zukünftige Einsatzszenario frühzeitig in einer Form besprochen, die nicht nur IT Anforderungen berücksichtigt. Mittels einfacher Symbole der UML Use-Cases kann mit den Anwendern jeder notwendige Anwendungsfall umfänglich besprochen und dokumentiert werden (Kruchten 1999, S.96f).

Als dritten Grund für den Einsatz von RUP ist zu nennen, dass dieses Vorgehensmodell dabei hilft, frühzeitig projektgefährdende Risiken zu identifizieren. Eines der wichtigsten Konzepte des Vorgehensmodelles ist es, dass am Ende jeder Iteration ein evolutionärer Prototyp vorliegt. Nach dem Best-Practice Konzept von RUP wird eine Iteration vorzugsweise in einem Zeitfenster zwischen einer und vier Wochen durchgeführt, ein RUP-basiertes Projekt sollte zwischen sechs plus-minus drei Iterationen umfassen. Durch die Lieferung eines funktionsfähigen Prototyps kann sich das Management und die Fachabteilung frühzeitig ein Bild von dem tatsächlichen Endprodukt machen. Durch das Vorliegen eines Prototyps wird sichergestellt, dass der Wert der zukünftigen Lösung frühzeitig dem Management transparent gemacht werden kann. Die Methode gibt, anders als eine reine Präsentation von Kennzahlen des Projektcontrollings, auch eine konkrete Rückmeldung über den Status des Projektes. Somit können mögliche finanzielle Risiken, die oftmals durch die pauschalisierte Festlegung von Projektzielen entstehen, frühzeitig erkannt werden. Die Lieferung von einsatzfähigen Zwischenprodukten zeigt dem Management, dass mit den relevanten IT-Ressourcen verantwortungsvoll umgegangen wird und verstärkt somit die Akzeptanz für das Projekt (Kruchten 1999, S.165f). Ein weiteres essentielles Argument für den Einsatz von RUP in Business Intelligence Projekten ist die zielgerichtete Agilität. Ein BI-Projekt ist komplex und alle Anforderungen zu Projektbeginn zu fassen ist aus den bereits dargestellten Gründen überaus schwierig. Eine große Herausforderung stellen beispielsweise Datenquellen auf Altsystemen dar, über die es kaum oder oft nur unzureichende Dokumentationen gibt. Daher ist auch eine frühzeitige vollumfängliche Ressourcenplanung über den gesamten Projektlebenszyklus kaum realisierbar. Dennoch wird von der Projektleitung erwartet, dass flexibel auf neue Anforderungen reagiert, aber gleichzeitig ein hinreichendes Maß an Kontrolle für das Management zur Verfügung steht, um das Projekt effektiv und effizient steuern zu können. Genau diese Agilität ermöglicht das Vorgehensmodell RUP, da es Konzepte liefert, um den Umfang der einzelnen Disziplinen maßgeschneidert auf die Projektbedürfnisse anzupassen. Dennoch liefert RUP genau die richtige Menge an Flexibilität und Genauigkeit, um das Projekt innerhalb definierter Grenzen durchführen zu können (Essigkrug & Mey 2003, S.93f).

5 Fazit

Die Bedeutung der Informationstechnologie hat in den letzten Jahren exponentiell zugenommen. Die hierbei anfallenden Daten bieten die notwendige Grundlage, um unternehmensrelevante Entscheidungen zu treffen. Ohne spezielle Verfahren können diese umfänglichen Datenmengen jedoch nicht effektiv und effizient ausgewertet werden. Die Verfahren der Business Intelligence bieten den Unternehmen Möglichkeiten, diese Daten zielgerichtet zu speichern und zu verwenden.

Business Intelligence Projekte weisen eine Reihe von Spezifika auf, die sie von gängigen IT Projekten unterscheiden. Diese Eigenheiten sind durch die Kriterien Einmaligkeit des Projektes, Zielunsicherheit in Bezug auf die zukünftigen Anforderungen und Rahmenfixierung durch unzureichende Planungshorizonte geprägt. Vorgehensmodelle helfen Unternehmen dabei, diese Besonderheiten zu strukturieren und durch Komplexitätsreduktion erfolgreich BI Projekte umzusetzen.

Das im Rahmen dieser Arbeit dargestellte Vorgehensmodell Rational Unified Process berücksichtigt die Besonderheiten eines Business Intelligence Projekts. Den oftmals unvollständigen und diffusen Anforderungen an solche Projekte durch die zukünftigen Nutzer werden durch das differenzierte und über die Iterationen verfeinerte Anforderungsmanagement bei RUP Rechnung getragen. Das Konzept der evolutionären Prototypen ist für die Beschreibung von komplexen BI Projekten besser geeignet als die rein verbale Beschreibung über Projektziele. Mit Hilfe des agilen Vorgehens kann der Schwerpunkt in jeder Iteration auf die neuen Anforderungen und Prioritäten im Projekt gelegt werden. Das Vorgehensmodell erlaubt eine dynamische Anpassung an die Bedürfnisse der Organisation.

Literaturverzeichnis

Abrahamsson, P. (2002), *Agile software development methods. Review and analysis.*, Pearson Education, London.

Alhir, S. S. (2002), *Understanding the Unified Process (UP), In: Methods & Tools*, Pearson Education, London.

Anahory, S. & Murray, D. (2000), *Data Warehouse. Planung, Implementierung und Administration*, Addison Wesley, Wiesbaden.

Bange, C. (2010), *Werkzeuge für analytische Informationssysteme:*, Spriner, Heidelberg.

Budde, R., Kautz, K. & Kuhlenkamp, K. (1992), *An Approach to Evolutionary System Development*, Springer, Berlin.

Chamoni, P. & Gluchowski, P. (2010), *Analytische Informationssysteme: Business Intelligence-Technologien und -Anwendungen*, Springer, Berlin.

Ducker, P. F. (1993), *Management: Tasks, Responsibilities, Practices*, HarperBusiness.

Engels, C. (2010), *Basiswissen Business Intelligence*, w3l, Herdecke.

Eriksson, M., Börstler, J. & Borg, K. (2007), 'Anchoring the product line process–tailoring the rup life-cycle model to software product line development', *Technical Report* .

Essigkrug, A. & Mey, T. (2003), *The Rational Unified Process*, Spektrum, Heidelberg.

Floyd, C. (1984), *A systematic look at prototyping In: Approaches to Prototyping, ed. R. Budde, K. Kuhlenkamp, L. Mathiassen, and H. Zullighoven,*, Springer, Berlin.

Füting, U. C. (2000), *Projektmanagement und -controlling von Data Warehouse-Projekten, in: Das Data-Warehouse-Konzept, hrsg. von Harry Mucksch und Wolfgang Behme*, Gabler, Wiesbaden.

Groffmann, H.-D. (1997), 'Das data-warehouse konzept', *HMD - Theorie und Praxis der Wirtschaftsinformatik* **195**, 8 – 17.

Hansen, H. R. & Neumann, G. (2005), *Wirtschaftsinformatik 1 Grundlagen und Anwendungen*, 9 edn, Lucius + Lucius Verlag, MÃnchen.

Hildebrand, K. (2001), *Business Intelligence*, dpunkt.verlag, Heidelberg.

Hirsch, M. (2008), *Making RUP Agile*, Abraham Publishing, New York.

Hoffmann, D. (2010), *Data Warehous im Rahmen der Business Intelligence. Konzeption eines Vorgehensmodells*, Diplomica Verlag.

Inmon, W. H. (1996), *Building the Data Warehouse*, John, Hoboken.

Jacobson, J. R. I. & Booch, G. (2011), *The Unified Software Development Process*, Addison-Wesley, München.

Klußmann, N. (1997), *Lexikon der Kommunikations- und Informationstechnik*, Hüthig,, Heidelberg.

Kruchten, P. (1999), *Der Rational Unified Process*, Addison Wesley, München.

Kunz, A. (1999), *Data Warehouse - Enabling Technologie*, mitp, Bonn.

König, S. (2011), *Ein Wiki-basiertes Vorgehensmodell für Business Intelligence Projekte*, FH Hannover, Hannover.

Mucksch, H. & Behme, W. (2002), *Das Data Warehouse.Konzept*, Gabler, Wiesbaden.

Opitz, B. (2003), *Modellieren mit UML - Vorgehensmodelle*, Grin, München.

Runeson, P. & Greberg, P. (2004), *Extreme Programming and Rational Unified: Process-Contrasts or Synonyms?*, Lund, New York.

Schlösser, A. (1997), *Objektorientierte Systementwicklung und Prototyping mit persistenten Daten.*, Springer, Berlin.

Sommerville, I. (2007), *Software Engineering*, Pearson Education, München.

Stahlknecht, P. & Hasenkamp, U. (2005), *Wirtschaftsinformatik*, 11 edn, Springer Verlag GmbH, Berlin.

Veselka, M. (2008), *Dynamischer Wettbewerb und Unternehmensstrategien*, Metropolis Verlag, Marburg.